上古 — 春秋

上下五千年

1

知信陽光 編寫

中華教育

《上下五千年》

給孩子從小講
的中國歷史

上 古 · 春 秋

責任編輯：王玟

裝幀設計：綠色人

排版：黎品先

印務：劉漢舉

編寫　　知信陽光

出版　　中華教育
香港北角英皇道 499 號北角工業大廈 1 樓 B
電話：(852) 2137 2338　傳真：(852) 2713 8202
電子郵件：info@chunghwabook.com.hk
網址：http://www.chunghwabook.com.hk

發行　　香港聯合書刊物流有限公司
香港新界大埔汀麗路 36 號中華商務印刷大廈 3 字樓
電話：(852) 2150 2100　傳真：(852) 2407 3062
電子郵件：info@suplogistics.com.hk

印刷　　深圳市彩之欣印刷有限公司
深圳市福田區八卦二路 526 棟 4 層

版次　　2018 年 7 月第 1 版第 1 次印刷
©2018 中華教育

規格　　16 開 (230 mm x 170 mm)
ISBN　　978-988-8513-29-1
本書繁體字版由二十一世紀出版集團授權出版

讀中華小故事，品味人生百態
看上下五千年，閱盡歷史風雲

　　中國是一個擁有五千年文明史、充滿生機與活力的泱泱大國。在中國悠久的歷史長河中，曾經誕生過眾多的思想家、文學家、科學家、藝術家、軍事家、政治家……可謂星光燦爛。這些「明星」們演繹的傳奇故事，令人驚心動魄、蕩氣迴腸，同時也承載着中華民族記憶，形成了華夏歷史五千年的歷史長卷。這些故事中蘊涵着中華民族對人生、對生命、對宇宙、對社會、對世界充滿哲理的思考和獨特認知，無疑是我們民族最可寶貴的精神財富，亦是孩子們未來成長路上的精神座標。

　　《上下五千年》是一套專為小學生設計的中華歷史故事叢書。本叢書從上下五千年的華夏歷史中，擷取一百多則精彩生動的歷史故事，以通俗易懂的故事形式，向小讀者們展現華夏文明的源遠流長、中華文化的博大精深。

　　每冊書中的故事都以歷史時間順序為脈絡，有理有據；既各自相互獨立，而又相互承接；既有對歷史背景的描繪，亦有精彩的局部特寫。書中故事表述生動，敘述語言通俗淺近，既適合高年級小學生獨立閱讀，亦適合低年級小學生親子討論閱讀。此外，本套叢書每篇文章都配有漢語拼音詳解，適用於普通話學習。希望本叢書能讓孩子在增長歷史知識的同時，增加民族認同感和民族自信心！

目錄

春 秋 篇

故事
01

盤古開天闢地

我們生活的這個世界，並不是一開始就有的。世界是怎樣形成的呢？在我國歷史上，一直流傳着盤古開天闢地的故事。

據說，在天地尚未形成的時候，整個宇宙就像一個雞蛋，一團混沌，沒有光，也沒有聲音。

在這個混沌的雞蛋裏，孕育着我們開天闢地的英雄——盤古。盤古在這個大雞蛋裏沉沉地睡着，足足睡了一萬八千年。

經過一萬八千年的孕育，盤古終於蘇醒過來。他睜開眼睛一看，只見周圍漆黑一片，沒

有一點亮光。盤古想抬頭，可是上面的混沌擋住了他。盤古覺得很壓抑，於是他大叫一聲，用兩隻強壯有力的臂膀把混沌往上頂，混沌之間的空隙越來越大，盤古站了起來，他用腳使勁一蹬，腳下的混沌便開始向下沉。

忽然傳來「轟隆」一聲巨響，大雞蛋被分成了兩半。其中輕而清的東西不斷向上飄起，形成了天空；重而濁的東西逐漸落下，形成了大地。

天地一分開，盤古就覺得舒坦多了。但他又害怕天地會重新合攏在一起，於是就頭頂着天，腳踏着地，站在天地間。從此，天每天增高一丈，地每天加厚一丈，盤古每天也隨着長高一丈。

就這樣過了一萬八千年，天已經很高很高了，地也很厚很厚了，盤古已經成為一個頂天立地的巨人，身子有九萬里那麼長。就這樣，盤古一直不吃不喝地支撐着天地。

又不知過了多少年，天地終於穩固，不再復合了。

看著天地已經穩固了，盤古大喊一聲：「終於可以休息一下了！」於是，他放下高舉的雙手，想躺下來休息一會兒。

可能是因為他實在太累了，所以當他把手縮回來以後，巨大的身軀便轟然倒地，盤古再也沒有醒過來——他已經死去了。

盤古死後，他的左眼變成了鮮紅的太陽，給大地帶來光明和溫暖；右眼變成了皎潔的月亮，掛在天邊；頭髮和鬍鬚變成了美麗的星辰，在天空閃爍。他口中呼出的氣化作了風和雲，聲

音變成了雷鳴，汗水變成了雨水和甘露，滋潤着大地和莊稼。他的頭和四肢變成了巍峨的高山，奔騰的血液變成了江河湖泊，肌肉變成了肥沃的土地，經脈化成了道路。他的皮膚和汗毛化成了花草樹木，魂魄化作了蟲魚鳥獸。他的牙齒和骨頭變成了金銀銅鐵，精髓變成了玉石寶藏。

從此以後，天上有了日月星辰，地上有了蟲魚鳥獸、山川樹木和江河湖泊。一個嶄新的世界誕生了。開天闢地的盤古作為人類的祖先，也永遠被人們懷念。

開天闢地

成語小貼士

指天地初開。神話傳說中天地是由盤古所分開。後用此成語比喻前所未有。

神農嘗百草

上古時候，人們靠打獵為生。有時候捕捉到的獵物不夠吃，人們就只好餓肚子。

怎樣才能讓人們不餓肚子呢？有一個叫神農氏的部落首領便教給大伙種莊稼的方法。這樣，人們收穫糧食以後就不會再餓肚子了。

過了一段時間，人們便不再滿足這種生活了：光有糧食還不夠，還要有菜才行！當時各種植物長在一起，人們根本分不清哪些東西能吃，哪些東西不能吃；也分不清哪些是草藥，哪些是毒藥。人們經常因為亂吃東西而得病，嚴

重的時候甚至會喪命。可是人們拿疾病絲毫沒有辦法，只能眼睜睜地等死。

神農氏非常着急：怎樣才可以知道哪些東西能吃，哪些東西不能吃呢？於是神農氏決定親自嘗一嘗所有的植物，這樣就可以辨別甚麼可以吃，甚麼不可以吃了。

於是，神農氏做了兩個大袋子。他嘗了不同的植物之後，覺得能吃的就放在左邊的袋子裏，覺得能治病的就放在右邊的袋子裏。

有一次，神農氏在河邊支起鍋準備煮草藥。水燒開時，忽然一陣輕風吹來，把鍋旁幾片綠色的葉子吹進了開水裏，立即有一股清香飄了出來。神農氏喝了點這種水，剛入口時有點苦，回味起來卻香醇甘甜，於是他給這種綠葉子起名為「茶」。

還有一次，神農氏帶着臣民登上一座山的山頂，只見山上滿是花草，紅的、綠的、黃的、藍的、白的、粉的……各色各樣，密密麻麻。神農氏高興極了，他背起藥筐，開始一株一株地嘗起來。

他剛把一棵草放進嘴裏，頓時覺得天旋地轉，接着便倒在地上。跟隨他的人連忙把他扶起來。

神農氏知道自己中了毒，於是指着不遠處的一棵靈芝草，又把手伸向自己的嘴巴。人們趕緊把靈芝草放進神農氏的嘴裏。神農氏吃了靈芝草，毒很快被解了，又跟以前一樣健康了。此後，人們都知道了：靈芝草能解毒救命。

神農氏走遍了大江南北，親自嘗了無數的植物，嘗出了麥、稻、粟、粱是糧食，能夠充飢，於是人們有了更多可以吃的糧食。神農氏還辨認出許多草藥，這些草藥救了很多人的命。

神農氏將自己多年來的收穫總結並讓後人記錄下來，寫成了《本草經》一書，裏面記載了很多草藥知識，以及對症下藥的方法。

一次，神農氏不幸嘗到了斷腸草，結果肝腸寸斷而死。但是神農氏遍嘗百草、造福人類的功績將永世流傳。

為了紀念神農氏，人們把神農氏當年搭架子採草藥的地方稱作「神農架」。神農氏被人們尊稱為「農耕之祖」和「醫藥之祖」。

故事
03

燧人氏
鑽木取火

在上古時代，人類還沒有學會用火。寒冷的天氣裏，人們就躲在山洞裏，冷得瑟瑟發抖。吃的東西也是生的，冰涼冰涼的。那時人們經常生病，壽命也很短。

有一次，森林裏下起了大雨，電閃雷鳴。「喀嚓」一聲，一棵樹被雷電擊中了，頓時燃燒起來，不一會兒就燒成了熊熊大火。一些小動物來不及逃跑，都被大火燒死了。人們驚恐地看着燃燒的森林，不敢靠近。

大火慢慢地變小之後，一個勇敢的年輕人走到了一個還沒有完全熄滅的火堆前。他發現火堆旁邊非常暖和，那些被燒熟的動物發出了陣陣誘人的香味。他忍不住拿起一點肉放進嘴裏嘗了嘗，發現自己從來沒有吃過這麼好吃的東西。

於是，年輕人招呼大家過來取暖，讓大家也拿起熟肉吃。

一連幾天，大家都圍在火堆旁邊取暖，吃着森林中的熟肉。人們慢慢地發現：火不但可以

取暖，而且可以把食物燒熟，這樣不僅味道特別
好，而且還不容易生病。

人們小心翼翼地守着火堆，不停地往裏面加
乾柴。不料下起了傾盆大雨，火被澆滅了。寒冷
的天氣裏，人們只好蜷縮在冰冷的山洞裏，相互

依偎着取暖，餓了繼續吃生食。一些體質較弱的老人和小孩便生病了，當時的醫術不高明，很多人都死去了。

人們越來越意識到火的重要性，可是哪裏還會產生火呢？

勇敢的年輕人想了想，決定去尋找火源。他蹚過大江大河，翻越崇山峻嶺，冒着嚴寒和酷暑，但也沒能找到火。

他精疲力竭地躺在大樹下，閉上眼睛睡着了。等他醒來，抬頭一看，只見一隻啄木鳥正在捉樹洞裏的小蟲子。

近日天氣炎熱，樹木十分乾燥。啄木鳥不停地忙活着，發出「篤篤篤」的聲音，年輕人目不轉睛地看着。

忽然，一點小火花迸了出來，年輕人見了驚喜地跳起來。他學着啄木鳥的樣子，拿起一塊尖尖的石頭在乾燥的木頭上鑽了起來。

鑽呀鑽，年輕人鑽了好久，可木頭上一點火星也沒有，但是他一點都不氣餒，繼續不停地鑽木頭。終於，木頭冒出了一點火星。

年輕人非常興奮，他不斷地試驗這種取火方法。有一次，他在石頭底下放了一些容易燃燒的乾草，經過長時間的鑽動後，火星竟然引燃了下面的乾草，乾草呼呼地燃燒起來。

從此以後，人們再也不用生活在黑暗和寒冷當中了，也可以把肉燒熟了再吃。

人們把這位鑽木取火的年輕人稱為「燧人氏」，意思是教會人們取火的人。

故事 04

倉頡造字

倉頡姓侯剛，號史皇氏，是黃帝時的史官。據說倉頡目光如炬，而且上知天文，下知地理，非常聰明。

黃帝派倉頡專門記錄圈裏牲口的數目、囤裏食物的多少。黃帝時期，人們用結繩的方法記事，也就是大事打一個大結，小事打一個小結，相連的事打一個連環結。後來又用刀子在木頭、竹子上刻上符號來記事，即契木為文。

倉頡於是也用結繩的辦法來記錄，可是後來倉庫裏的東西越來越多，光靠結繩已經記不過來了。

同時，由於結繩記事的方法過於簡單，不能將複雜多變的情況記錄下來，人們常常因為無法準確傳達自己的意思，而耽誤了農業生產。

這天，倉頡走到一個三岔路口，看見三個老人在那裏爭辯。

一個老人說：「該往西走，西邊有老虎。」

另一個老人不同意，說：「該往北走，北邊有鹿羣。」還有一個老人也不甘示弱地說：「應該往東走，東邊有很多羚羊。」

倉頡覺得很奇怪，就上前去問：「你們怎麼知道，東邊有羚羊，西邊有老虎，北邊有鹿羣，是誰告訴你們的呢？」

老人告訴他，每種動物的腳印都不同，他

men shì kàn le dì miàn shang yě shòu liú xià lái de hén jì　　cái zhī dào gè gè
們是看了地面上野獸留下來的痕跡，才知道各個

fāng xiàng yǒu shén me dòng wù de
方向有甚麼動物的。

cāng jié yóu cǐ dé dào qǐ fā　　sī kǎo qǐ lái　　　yì zhǒng jiǎo yìn
倉頡由此得到啟發，思考起來：一種腳印

dài biǎo yì zhǒng yě shòu　　nà me qí tā de dōng xi shì bú shì yě néng yòng
代表一種野獸，那麼其他的東西是不是也能用

yì zhǒng fú hào lái biǎo shì ne
一種符號來表示呢？

yú shì　　cāng jié dào chù guān chá　　yè wǎn tā guān kàn tiān shàng de
於是，倉頡到處觀察。夜晚他觀看天上的

yuè liang xīng chén　　bái tiān sì chù yóu lì　　guān chá dì shang de shān chuān cǎo
月亮星辰，白天四處遊歷，觀察地上的山川草

mù　　chóng yú niǎo shòu
木、蟲魚鳥獸。

měi kàn dào yí yàng dōng xi
每看到一樣東西，

tā dōu yào zǐ xì de guān chá hé
他都要仔細地觀察和

sī kǎo　　jiāng tā men de
思考，將它們的

tè zhēng zhú yī jì lù xià
特徵逐一記錄下

lái　　guò le yí duàn shí jiān
來。過了一段時間，

cāng jié zǒng jié chū lái suǒ
倉頡總結出來所

yǒu shì wù de tè zhēng
有事物的特徵，

並造出種種不同的符號來表示這些事物。這些符號就成為中國最早的象形文字。

倉頡造的字都是依照萬物的形狀畫出來的。比如：「山」字就是按照高山凸起的形狀勾畫的，「日」字是照着太陽圓圓的形狀繪畫的，「月」字是按照月牙兒的形狀描繪的……

倉頡運用自己創立的這些符號來管理倉庫，顯然方便準確多了。他想把自己創立的這些符號讓更多的人使用，於是就把這些象形文字獻給黃帝。

黃帝看後很高興，覺得這是一個非常好的方法，於是命倉頡到處去傳授這些符號。倉頡親自教人們識記和使用這些符號，漸漸地，這些符號推廣開來，被大家廣泛接受了，於是形成

<ruby>了<rt>le</rt></ruby> <ruby>約<rt>yuē</rt></ruby> <ruby>定<rt>dìng</rt></ruby> <ruby>俗<rt>sú</rt></ruby> <ruby>成<rt>chéng</rt></ruby> <ruby>的<rt>de</rt></ruby> <ruby>一<rt>yì</rt></ruby> <ruby>種<rt>zhǒng</rt></ruby> <ruby>文<rt>wén</rt></ruby> <ruby>字<rt>zì</rt></ruby> 。

<ruby>我<rt>wǒ</rt></ruby> <ruby>們<rt>men</rt></ruby> <ruby>今<rt>jīn</rt></ruby> <ruby>天<rt>tiān</rt></ruby> <ruby>所<rt>suǒ</rt></ruby> <ruby>使<rt>shǐ</rt></ruby> <ruby>用<rt>yòng</rt></ruby> <ruby>的<rt>de</rt></ruby> <ruby>漢<rt>hàn</rt></ruby> <ruby>字<rt>zì</rt></ruby> ， <ruby>便<rt>biàn</rt></ruby> <ruby>是<rt>shì</rt></ruby> <ruby>這<rt>zhè</rt></ruby> <ruby>些<rt>xiē</rt></ruby> <ruby>象<rt>xiàng</rt></ruby> <ruby>形<rt>xíng</rt></ruby> <ruby>文<rt>wén</rt></ruby> <ruby>字<rt>zì</rt></ruby>

<ruby>在<rt>zài</rt></ruby> <ruby>幾<rt>jǐ</rt></ruby> <ruby>千<rt>qiān</rt></ruby> <ruby>年<rt>nián</rt></ruby> <ruby>的<rt>de</rt></ruby> <ruby>歷<rt>lì</rt></ruby> <ruby>史<rt>shǐ</rt></ruby> <ruby>過<rt>guò</rt></ruby> <ruby>程<rt>chéng</rt></ruby> <ruby>中<rt>zhōng</rt></ruby> <ruby>逐<rt>zhú</rt></ruby> <ruby>漸<rt>jiàn</rt></ruby> <ruby>演<rt>yǎn</rt></ruby> <ruby>變<rt>biàn</rt></ruby> <ruby>而<rt>ér</rt></ruby> <ruby>來<rt>lái</rt></ruby> <ruby>的<rt>de</rt></ruby> 。

堯舜禪讓

黃帝之後，我國歷史上出現了三個非常有名的部落首領，他們分別是堯、舜、禹。

堯非常善於治理天下，他在位期間，國家興旺發達，百姓安居樂業。

這樣過了幾十年，堯的年紀越來越大，因此，他想找一個賢能的人來接替自己。

一天，堯召集了所有的部落首領，把他們聚集在一起。堯說：「如今我年紀大了，你們覺得誰能接替我的位子？」

一個部落首領為了討好堯，便說：「您的兒子丹朱可以繼承您的位子。」

堯聽了很生氣，說：「丹朱雖然是我的兒子，可是他整天遊手好閒，不務正業，怎麼能夠擔當起這樣的重任呢？」

大家開始紛紛舉薦人才。有個部族首領想了下說：「歷山有個青年叫舜，是虞氏的後代，聽說品行很好，又很能幹。」

舜名叫重華，生母過世得很早，父親瞽叟又娶了一個妻子，還生了個兒子叫象。後母和弟弟百般刁難舜，想把舜置於死地，好霸佔全部的家產，而舜卻依然善待他們。所以人們都說舜是一個德行很好的人。

堯也覺得舜很好，所以決定好好考察一下他。堯把自己的兩個女兒——娥皇和女英嫁給了舜，替他建好了糧倉，還分給他很多牛羊和糧

食。這令舜的後母和弟弟象非常嫉妒，因此他們幾次設計想害死舜。

有一天，天氣異常炎熱，瞽叟說糧倉的頂部出現了裂縫，讓舜去修補。舜二話沒說，架上梯子就往上爬。當時正值中午，天上的太陽火辣辣的，舜便隨手拿了兩個斗笠上了倉頂。

正當舜專心致志地修補倉頂的時候，象偷偷地把梯子搬走了，然後在糧倉裏放起了火，想把舜燒死。舜一看糧倉起火了，就要下去，可是再往下一看：梯子不見了！

情急之下，舜將兩個斗笠拿在手裏，張開雙臂，像鳥一樣地往下跳。當時剛好颳起了一陣大風，斗笠慢慢地往下降落，舜安全地到達了地面。

象一計不成，又生一計。過了一段時間，舜去挖井。舜沒日沒夜地挖呀挖，眼看着這井就要挖好了，象突然出現並往井裏扔石頭，想把舜活活埋在井裏。

井差不多要被填滿了，兇狠的繼母和象以為舜死定了，就回到家裏想霸佔舜的財產。正當他們得意的時候，舜卻突然推門進來，把他們嚇了一大跳。

原來，舜的兩個妻子讓他在井底挖了一條秘密通道，他就是從那裏走出來的。

舜並沒有因此記恨自己的繼母和弟弟，他就當甚麼事情也沒有發生一樣，仍像以前那樣善待他們。

堯知道了這件事情，覺得舜確實是一個品德高尚的人，於是就把首領的位子傳給了他。

故事
06

大禹治水

　　據說，堯統治期間，黃河流域發生了洪災。聲勢浩大的洪水淹沒了莊稼，沖垮了房屋，沖毀了道路。老百姓沒辦法生活下去，只能不斷地往高處搬家，他們還經常遭到野獸的侵害。

　　堯看在眼裏，急在心上。於是，他召開部落聯盟會議，商討治理洪水的方法。

　　「大家知道，現在洪水氾濫，老百姓叫苦連天。你們覺得誰是治理洪水的最佳人選呢？」堯滿腹憂愁地問。

　　各個部落的首領商量了一會兒後，一致推

jiàn gǔn jǐn guǎn yáo duì
薦 鯀 。 儘 管 堯 對

gǔn bìng bù mǎn yì dàn
鯀 並 不 滿 意 ， 但

hái shì tóng yì ràng tā qù
還 是 同 意 讓 他 去

zhì lǐ hóng shuǐ
治 理 洪 水 。

gǔn zài zhì lǐ hóng shuǐ de shí hou zhǐ zhī dào yòng ní shā shí kuài
鯀 在 治 理 洪 水 的 時 候 ， 只 知 道 用 泥 沙 、 石 塊

xiū jiàn dà bà zǔ dǎng hóng shuǐ dàn dāng hóng shuǐ zhǎng gāo yǐ hòu yòu
修 建 大 壩 ， 阻 擋 洪 水 ， 但 當 洪 水 漲 高 以 後 ， 又

huì jiāng dà bà chōng kuǎ zhè yàng yì lái hóng zāi bú dàn méi yǒu jiǎn qīng
會 將 大 壩 沖 垮 。 這 樣 一 來 ， 洪 災 不 但 沒 有 減 輕 ，

fǎn ér yuè lái yuè yán zhòng yīn wèi xiū dà bà méi yǒu cóng gēn běn shang dá
反 而 越 來 越 嚴 重 。 因 為 修 大 壩 沒 有 從 根 本 上 達

dào zhì lǐ hóng shuǐ de mù dì suǒ yǐ jǐn guǎn gǔn yǐ jīng zhì lǐ le jiǔ
到 治 理 洪 水 的 目 的 。 所 以 ， 儘 管 鯀 已 經 治 理 了 九

nián dàn hóng shuǐ bìng méi yǒu bèi zhì fú yī rán hěn chāng jué
年 ， 但 洪 水 並 沒 有 被 制 服 ， 依 然 很 猖 獗 。

děng dào shùn jiē tì le yáo de wèi zi qīn zì lái dào gǔn zhì lǐ hóng
等 到 舜 接 替 了 堯 的 位 子 ， 親 自 來 到 鯀 治 理 洪

水的地方考察，發現鯀不但治理洪水的方法有問題，而且辦事不得力，於是就罷免了鯀，改讓鯀的兒子禹治理洪水。

由於父親治理洪水受到了懲罰，禹有些猶豫，舜卻鼓勵他說：「你是最合適的人選，不要再謙讓了！」

當時，禹與涂山氏的女兒剛結婚四天。接到命令後，他就馬上出發去治理洪水。禹下定決心：一定要把洪水治理好！

禹採用跟父親不一樣的方法，他先勘測了黃河流域一帶的地形，然後根據不同的地

形治理洪水。當遇到大山阻擋，他就派人開山鑿渠；有的河道堵塞了，他派人

清除淤泥，深挖河道；他還命人把河流連接起來，把洪水引入大海。這樣，即使黃河流域出現再大的洪水，也不會淹沒村莊和莊稼。

儘管禹是治理洪水的負責人，但他經常跟老百姓一起測地形、挖土、挑土……無論是嚴寒酷暑，還是風霜雨雪，他都在治理洪水的最前線工作着。長期的艱苦勞動，使得禹的皮膚曬黑了，身體變瘦了，就連腿上的汗毛也磨光了。

在治理洪水期間，禹曾經三次路過家門都沒有進去。有一次，他路過家門，他的妻子正在生產，過了一會兒裏面傳來嬰兒的哭聲。禹很想進去看看，但是想到自己還沒有把洪水治理好，就停住了腳步。他咬咬牙轉身離去，沒有回頭再看一眼。

「功夫不負有心人」，在禹的帶領下，經過十三年的治理，河道變得暢通無阻，洪水終於被治好了。

後來，禹因治理洪水有功，被大家推選為部落聯盟首領。

時代小總結

上古時期

中國上古時期的故事大多是歷史與神話的交融。在禹以前，天下是大家的，王位繼承的方式是「傳賢不傳子」的禪讓制度，但是，隨着禹的兒子—夏啟發配功臣伯益、流放有扈氏，建立中國第一個王朝—夏王朝後，中國古代的王位繼承便成為了「家天下」父子世襲制。之後，商湯在賢臣伊尹的輔佐下，除掉了夏朝昏庸的暴君夏桀，建立了商朝。商朝最初定都在「亳」，然而因為商朝特殊的君王傳位制度，商朝頻頻遷都，人民生活困頓不堪。後來，商王盤庚經過一番努力，終於克服種種困難，最終將都城定在黃河以南的「殷」，從此商朝又經歷了 8 代 11 個君主，但再也沒有遷過都城。

姜太公釣魚

商朝傳到紂王這一代時，政權相對穩固，因此紂王整日無所事事，荒淫無度，蠻橫殘暴，這使得政局動盪，國家處於內憂外患的緊要關頭。

這時商的屬國，活動在渭河流域的周族卻逐漸強大起來。它的首領是西伯侯姬昌，也就是後來的周文王。

姬昌是一位賢明的諸侯，他勤勉能幹，愛護百姓，積極網羅人才，注重發展經濟，使得社會井然有序，許多賢能之士都來投奔他。

他見紂王昏庸殘暴，喪失民心，便想替天

xíng dào　　　tǎo fá shāng cháo　　wú nài tā shēn biān quē shǎo yí wèi shēn móu yuǎn
行道，討伐商朝。無奈他身邊缺少一位深謀遠

lǜ de jūn shī fǔ zuǒ　　yú shì tā rì yè pàn wàng zhe zhè yàng de rén cái
慮的軍師輔佐，於是他日夜盼望着這樣的人才

chū xiàn
出現。

yǒu yì tiān　　jī chāng dài zhe dà duì rén mǎ lái dào wèi shuǐ fù jìn
有一天，姬昌帶着大隊人馬來到渭水附近

dǎ liè　　shùn biàn kǎo chá yí xià mín qíng　　jīng guò wèi shuǐ biān shí　　yí wèi
打獵，順便考察一下民情。經過渭水邊時，一位

lǎo rén bēi le mǎn mǎn de yí dàn chái　　yì biān cháo zhè biān zǒu lái　　yì biān
老人背了滿滿的一擔柴，一邊朝這邊走來，一邊

gāo shēng de gē chàng
高聲地歌唱。

jī chāng zǐ xì yì
姬昌仔細一

tīng　　fā xiàn lǎo rén chàng de
聽，發現老人唱的

dōu shì dāng qián de shí zhèng
都是當前的時政，

ér qiě hěn yǒu dào lǐ
而且很有道理。

jī chāng lián máng guò qù
姬昌連忙過去

xún wèn　　lǎo rén gào su tā
詢問，老人告訴他

zhè shì wèi shuǐ biān yí wèi lǎo
這是渭水邊一位老

rén jiāo zì jǐ chàng de　　jī
人教自己唱的。姬

昌帶着手下，便沿着老人所指的方向一路尋來。

他們在渭水邊找來找去，沒看見一個人，更沒發現甚麼老人。姬昌和手下們灰心喪氣地往回走。

突然，他的手下大叫起來：「主公，請看！」

姬昌順着手下指的方向望去，只見一位白髮蒼蒼的老人在水邊釣魚，但老人的魚鈎竟然是直的，上面沒有魚餌，而且離水面很高。

當大隊人馬經過時，老人竟然不為所動，仍然專心致志地釣魚。

姬昌覺得非常奇怪，於是下馬，走到老人身邊說：「先生這種釣法，甚麼時候才能釣到魚呢？」

老人回頭看了看姬昌，意味深長地說：「魚鈎雖然是直的，但是願者上鈎。」

<ruby>姬<rt>jī</rt></ruby> <ruby>昌<rt>chāng</rt></ruby> <ruby>聽<rt>tīng</rt></ruby> <ruby>了<rt>le</rt></ruby> ，<ruby>頓<rt>dùn</rt></ruby> <ruby>時<rt>shí</rt></ruby> <ruby>覺<rt>jué</rt></ruby> <ruby>得<rt>de</rt></ruby> <ruby>這<rt>zhè</rt></ruby> <ruby>位<rt>wèi</rt></ruby> <ruby>老<rt>lǎo</rt></ruby> <ruby>人<rt>rén</rt></ruby> <ruby>很<rt>hěn</rt></ruby> <ruby>不<rt>bù</rt></ruby> <ruby>一<rt>yì</rt></ruby> <ruby>般<rt>bān</rt></ruby> ，

<ruby>於<rt>yú</rt></ruby> <ruby>是<rt>shì</rt></ruby> <ruby>跟<rt>gēn</rt></ruby> <ruby>他<rt>tā</rt></ruby> <ruby>聊<rt>liáo</rt></ruby> <ruby>起<rt>qǐ</rt></ruby> <ruby>來<rt>lái</rt></ruby> 。<ruby>經<rt>jīng</rt></ruby> <ruby>過<rt>guò</rt></ruby> <ruby>一<rt>yì</rt></ruby> <ruby>番<rt>fān</rt></ruby> <ruby>交<rt>jiāo</rt></ruby> <ruby>談<rt>tán</rt></ruby> ，<ruby>姬<rt>jī</rt></ruby> <ruby>昌<rt>chāng</rt></ruby> <ruby>瞭<rt>liǎo</rt></ruby> <ruby>解<rt>jiě</rt></ruby> <ruby>到<rt>dào</rt></ruby> ，

<ruby>老<rt>lǎo</rt></ruby> <ruby>人<rt>rén</rt></ruby> <ruby>名<rt>míng</rt></ruby> <ruby>叫<rt>jiào</rt></ruby> <ruby>姜<rt>jiāng</rt></ruby> <ruby>尚<rt>shàng</rt></ruby> ，<ruby>字<rt>zì</rt></ruby> <ruby>子<rt>zǐ</rt></ruby> <ruby>牙<rt>yá</rt></ruby> ，<ruby>精<rt>jīng</rt></ruby> <ruby>通<rt>tōng</rt></ruby> <ruby>兵<rt>bīng</rt></ruby> <ruby>法<rt>fǎ</rt></ruby> ，<ruby>熟<rt>shú</rt></ruby> <ruby>悉<rt>xī</rt></ruby> <ruby>政<rt>zhèng</rt></ruby>

<ruby>事<rt>shì</rt></ruby> ，<ruby>可<rt>kě</rt></ruby> <ruby>惜<rt>xī</rt></ruby> <ruby>懷<rt>huái</rt></ruby> <ruby>才<rt>cái</rt></ruby> <ruby>不<rt>bú</rt></ruby> <ruby>遇<rt>yù</rt></ruby> 。

<ruby>原<rt>yuán</rt></ruby> <ruby>來<rt>lái</rt></ruby> ，<ruby>姜<rt>jiāng</rt></ruby> <ruby>尚<rt>shàng</rt></ruby> <ruby>聽<rt>tīng</rt></ruby> <ruby>說<rt>shuō</rt></ruby> <ruby>西<rt>xī</rt></ruby> <ruby>伯<rt>bó</rt></ruby> <ruby>侯<rt>hóu</rt></ruby> <ruby>姬<rt>jī</rt></ruby> <ruby>昌<rt>chāng</rt></ruby> <ruby>善<rt>shàn</rt></ruby> <ruby>用<rt>yòng</rt></ruby> <ruby>人<rt>rén</rt></ruby> <ruby>才<rt>cái</rt></ruby> ，<ruby>於<rt>yú</rt></ruby>

<ruby>是<rt>shì</rt></ruby> <ruby>前<rt>qián</rt></ruby> <ruby>來<rt>lái</rt></ruby> <ruby>投<rt>tóu</rt></ruby> <ruby>奔<rt>bèn</rt></ruby> ，<ruby>但<rt>dàn</rt></ruby> <ruby>是<rt>shì</rt></ruby> <ruby>一<rt>yì</rt></ruby> <ruby>直<rt>zhí</rt></ruby> <ruby>無<rt>wú</rt></ruby> <ruby>緣<rt>yuán</rt></ruby> <ruby>相<rt>xiāng</rt></ruby> <ruby>見<rt>jiàn</rt></ruby> 。<ruby>於<rt>yú</rt></ruby> <ruby>是<rt>shì</rt></ruby> ，<ruby>他<rt>tā</rt></ruby> <ruby>想<rt>xiǎng</rt></ruby> <ruby>到<rt>dào</rt></ruby>

了這個法子，整日在河邊用直鈎釣魚，吸引姬昌前來。

姬昌求賢若渴，發現姜尚對治國有着十分精闢的見解，正是自己日夜盼望的人才。姬昌心裏非常高興，當即聘請姜尚做自己的軍師。

這就是「姜太公釣魚，願者上鈎」的故事。

後來，姜尚輔助姬昌興邦立國。姬昌去世後，他又繼續輔佐姬昌的兒子姬發，使得周國逐漸強大起來。

之後，姜尚又幫助姬發消滅商朝，建立西周。因為功勳卓著，姜太公後來被分封在齊。

故事
08

烽火戲諸侯

周宣王死後，周幽王即位。周幽王昏庸無道，驕奢淫逸，是歷史上有名的昏君。

周幽王有一個妃子叫褒姒，長得美若天仙。周幽王十分寵愛她，成天過着荒淫糜爛的生活。但是褒姒自打進宮後就沒笑過，周幽王於是絞盡腦汁，想盡一切辦法博美人一笑，可是都沒能如願。

有一天，周幽王下令：誰能讓褒姒笑一下，賞黃金一千兩。

這時，有一個大夫站了出來，百般討好地對周幽王說：「您不如把烽火台點着，諸侯們必定

帶着大批人馬趕來，到時候您再讓諸侯們回去。

娘娘見了這些兵馬一會兒跑過來，一會兒跑過

去，肯定會笑的。」周幽王抬眼一看，認得此人

名叫虢石甫。

　　昏庸的周幽王覺得這個主意不錯，他不顧其

他大臣的反對，立馬帶着褒姒來到驪山，登上了

烽火台。

自古以來，烽火是敵寇入侵時的報警信號，

各國都在國都及邊鎮要塞設置烽火台。

當時西周邊境有強大的犬戎，為防備犬戎

的侵擾，西周就在鎬京附近的驪山一帶修築了

二十多座烽火台，每隔幾里地就是一座。一旦犬

戎進犯，首先發現敵人的哨兵立刻在台上點燃

烽火，鄰近烽火台也相繼點火，向附近的諸侯報

警。諸侯見了烽火，知道天子有難，必定率

兵前來救駕。

周幽王命令守兵點燃烽火，一時間火光沖天，狼煙四起。鄰近的諸侯看見狼煙，以為外敵入侵，趕緊帶着兵馬跑來救駕。

諸侯們帶着兵馬匆匆忙忙趕到驪山下，沒想到一個敵人也沒看見，只聽到山上一陣陣奏樂和唱歌的聲音，仔細一打聽，原來是周幽王和褒姒在飲酒作樂。大家你看看我，我看看你，都不知道是怎麼回事。

周幽王派人去對他們說：「辛苦各位諸侯了，沒有敵人，你們回去吧！」

諸侯們這才知道上當了，雖然憤怒，但也只好各自帶着兵馬回去了。

褒姒瞧見這麼多兵馬忙來忙去，嫣然一笑。周幽王終於博得美人一笑，非常高興，重重地賞賜了虢石甫。後來，周幽王又叫人點燃烽火，諸侯們又帶着兵馬前來，最後又垂頭喪氣地回去。

周幽王覺得這樣很好玩，可他哪裏知道，這種行為已經為整個周王朝種下了禍根。不久，犬戎前來攻打鎬京，周幽王趕緊命人把驪山的烽火點了起來。

諸侯們以為這又是周幽王玩的把戲，所以全都不予理睬，一個救兵也沒有派出。

最後周幽王和虢石甫都被犬戎殺了，褒姒也被擄走了。至此，西周滅亡。

公元前770年，周平王遷都洛邑，東周開始。

時代小總結

西周時期

西周初期，因有周公這樣嘔心瀝血、盡心盡力的賢臣輔政，西周王朝得到鞏固和發展，社會政治和經濟穩固上升，在周康王時達到興盛的頂點。然而從周康王的兒子昭王開始，周朝逐漸衰落，並在第十代君主，貪婪而殘暴的周厲王統治時，發生了被稱為「國人暴動」的大規模民眾起義。而後，隨着周幽王時期犬戎攻破鎬京，西周都城被迫東遷，以「王室衰微，諸侯各國爭霸」為特徵的東周時期正式開啟。東周前半即為春秋時期，後半段則為戰國時期。

故事 **09**

管鮑之交

　　春秋時期的管仲和鮑叔牙是一對好朋友，後來他倆一起輔佐齊桓公，使他成為春秋五霸之一。

　　管仲年輕的時候家裏很窮，鮑叔牙知道了，就找管仲一起做生意。本錢幾乎都是鮑叔牙拿出來的，可當賺了錢以後，管仲拿的比鮑叔牙還多。鮑叔牙的僕人看了就說：「管仲真貪財，還不講友情。」

　　鮑叔牙卻責怪僕人說：「不可以這麼說！管仲不是不講友情。他家裏窮，多拿一點沒關係。何況多分給他錢，是我心甘情願的。」

有幾次，管仲幫鮑叔牙出主意辦事，結果反而把事情辦砸了。鮑叔牙不但不責怪他，還安慰他說：「事情辦不好，不是你的錯，是因為時機不好，你別放在心上。」

管仲和鮑叔牙一起參加戰鬥，管仲每次都臨陣脫逃。大家就罵管仲是一個貪生怕死的人。鮑叔牙馬上解釋說：「你們誤會管仲了，他不是怕死，他家有年邁的母親，全靠他一人供養，他得照顧老母親呀！」

後來，管仲和鮑叔牙分別輔佐齊襄公的兩個弟弟：公子糾和公子小白。齊襄公每天只知道

<ruby>吃<rt>chī</rt></ruby><ruby>喝<rt>hē</rt></ruby><ruby>玩<rt>wán</rt></ruby><ruby>樂<rt>lè</rt></ruby>。<ruby>管<rt>guǎn</rt></ruby><ruby>仲<rt>zhòng</rt></ruby><ruby>和<rt>hé</rt></ruby><ruby>鮑<rt>bào</rt></ruby><ruby>叔<rt>shū</rt></ruby><ruby>牙<rt>yá</rt></ruby><ruby>都<rt>dōu</rt></ruby><ruby>預<rt>yù</rt></ruby><ruby>感<rt>gǎn</rt></ruby><ruby>到<rt>dào</rt></ruby><ruby>齊<rt>qí</rt></ruby><ruby>國<rt>guó</rt></ruby><ruby>將<rt>jiāng</rt></ruby><ruby>會<rt>huì</rt></ruby><ruby>發<rt>fā</rt></ruby>

<ruby>生<rt>shēng</rt></ruby><ruby>大<rt>dà</rt></ruby><ruby>亂<rt>luàn</rt></ruby>，<ruby>於<rt>yú</rt></ruby><ruby>是<rt>shì</rt></ruby><ruby>管<rt>guǎn</rt></ruby><ruby>仲<rt>zhòng</rt></ruby><ruby>保<rt>bǎo</rt></ruby><ruby>護<rt>hù</rt></ruby><ruby>公<rt>gōng</rt></ruby><ruby>子<rt>zǐ</rt></ruby><ruby>糾<rt>jiū</rt></ruby><ruby>到<rt>dào</rt></ruby><ruby>魯<rt>lǔ</rt></ruby><ruby>國<rt>guó</rt></ruby><ruby>躲<rt>duǒ</rt></ruby><ruby>避<rt>bì</rt></ruby>，<ruby>鮑<rt>bào</rt></ruby>

<ruby>叔<rt>shū</rt></ruby><ruby>牙<rt>yá</rt></ruby><ruby>同<rt>tóng</rt></ruby><ruby>公<rt>gōng</rt></ruby><ruby>子<rt>zǐ</rt></ruby><ruby>小<rt>xiǎo</rt></ruby><ruby>白<rt>bái</rt></ruby><ruby>跑<rt>pǎo</rt></ruby><ruby>到<rt>dào</rt></ruby><ruby>莒<rt>jǔ</rt></ruby><ruby>國<rt>guó</rt></ruby><ruby>躲<rt>duǒ</rt></ruby><ruby>避<rt>bì</rt></ruby>。

不久，齊國真的發生了內亂，齊襄公被人殺死，國家沒有了君主。公子糾和公子小白都趕着回齊國搶奪王位。兩支隊伍正好在路上相遇，管仲為了讓公子糾當上國王，就向公子小白射了一箭，親眼看到公子小白從馬上摔下來，才轉身離去。

不料，那一箭正好射到小白腰帶上的掛鈎，沒有傷到小白。小白裝死騙過管仲，連夜趕回齊國，繼承了王位，他就是齊桓公。

齊桓公對管仲一直耿耿於懷，即位後便讓魯國把公子糾殺死，把管仲囚禁起來。

管鮑之交

成語小貼士

指春秋時代齊國管仲和鮑叔牙相交至深。後用此成語比喻友情深厚。

齊桓公想封鮑叔牙為相國，幫助他治理國家。鮑叔牙卻謙虛地說：「治理國家，我不如管仲。大王要想治理好國家，就得請管仲當相國。」

齊桓公很不樂意：「管仲當初射我一箭，差點把我害死，你居然叫我請他來當相國！」

鮑叔牙卻說：「我聽說明君是不記仇的，更何況當時管仲為公子糾效命。大王如果想稱霸天下，一定要任用他。」

齊桓公聽了鮑叔牙的話，就派人請管仲回來當相國，而鮑叔牙則甘心地做管仲的助手。在管仲和鮑叔牙的合力輔佐下，齊國很快就成為諸侯國中最強大的國家。

<ruby>鮑<rt>bào</rt></ruby><ruby>叔<rt>shū</rt></ruby><ruby>牙<rt>yá</rt></ruby><ruby>死<rt>sǐ</rt></ruby><ruby>後<rt>hòu</rt></ruby>，<ruby>管<rt>guǎn</rt></ruby><ruby>仲<rt>zhòng</rt></ruby><ruby>在<rt>zài</rt></ruby><ruby>他<rt>tā</rt></ruby><ruby>的<rt>de</rt></ruby><ruby>墓<rt>mù</rt></ruby><ruby>前<rt>qián</rt></ruby><ruby>大<rt>dà</rt></ruby><ruby>哭<rt>kū</rt></ruby><ruby>不<rt>bù</rt></ruby><ruby>止<rt>zhǐ</rt></ruby>，

<ruby>他<rt>tā</rt></ruby><ruby>感<rt>gǎn</rt></ruby><ruby>歎<rt>tàn</rt></ruby><ruby>地<rt>de</rt></ruby><ruby>說<rt>shuō</rt></ruby>：「<ruby>生<rt>shēng</rt></ruby><ruby>養<rt>yǎng</rt></ruby><ruby>我<rt>wǒ</rt></ruby><ruby>的<rt>de</rt></ruby><ruby>是<rt>shì</rt></ruby><ruby>父<rt>fù</rt></ruby><ruby>母<rt>mǔ</rt></ruby>，<ruby>但<rt>dàn</rt></ruby><ruby>是<rt>shì</rt></ruby><ruby>真<rt>zhēn</rt></ruby><ruby>正<rt>zhèng</rt></ruby><ruby>瞭<rt>liǎo</rt></ruby><ruby>解<rt>jiě</rt></ruby>

<ruby>我<rt>wǒ</rt></ruby><ruby>的<rt>de</rt></ruby><ruby>是<rt>shì</rt></ruby><ruby>鮑<rt>bào</rt></ruby><ruby>叔<rt>shū</rt></ruby><ruby>牙<rt>yá</rt></ruby><ruby>啊<rt>a</rt></ruby>！」<ruby>後<rt>hòu</rt></ruby><ruby>來<rt>lái</rt></ruby>，<ruby>人<rt>rén</rt></ruby><ruby>們<rt>men</rt></ruby><ruby>常<rt>cháng</rt></ruby><ruby>常<rt>cháng</rt></ruby><ruby>用<rt>yòng</rt></ruby>「<ruby>管<rt>guǎn</rt></ruby><ruby>鮑<rt>bào</rt></ruby>

<ruby>之<rt>zhī</rt></ruby><ruby>交<rt>jiāo</rt></ruby>」<ruby>來<rt>lái</rt></ruby><ruby>形<rt>xíng</rt></ruby><ruby>容<rt>róng</rt></ruby><ruby>好<rt>hǎo</rt></ruby><ruby>朋<rt>péng</rt></ruby><ruby>友<rt>you</rt></ruby><ruby>之<rt>zhī</rt></ruby><ruby>間<rt>jiān</rt></ruby><ruby>彼<rt>bǐ</rt></ruby><ruby>此<rt>cǐ</rt></ruby><ruby>信<rt>xìn</rt></ruby><ruby>任<rt>rèn</rt></ruby><ruby>的<rt>de</rt></ruby><ruby>關<rt>guān</rt></ruby><ruby>係<rt>xì</rt></ruby>。

故事
10

曹劌論戰

公元前 684 年，齊桓公派鮑叔牙率大軍討伐魯國。魯莊公焦急萬分，不知如何應對。

這時，一個叫曹劌的人請求覲見。曹劌是個平民，長相普通，看起來不像有甚麼特殊的才能。魯莊公傲慢地問曹劌：「你能用甚麼方法戰勝齊國呢？」

曹劌也不計較，慢慢地說：「打仗要根據戰場的變化隨機處理，絕不能事先憑空決定採用甚麼固定的作戰方法。我願和陛下一同率軍前去作戰，根據實際情況來謀劃。」

魯莊公聽了連忙點頭，認為曹劌講得有

理，於是同曹劌一起帶領大軍迎敵。

齊魯兩軍在長勺（今山東萊蕪東北面）擺

開了陣勢，兩軍對壘，戰爭一觸即發。

齊國主將鮑叔牙因為上回打了勝仗，有點

輕敵，便下令擊鼓進軍。齊軍吶喊着向魯軍陣地

衝來。

魯莊公聽到

對方鼓聲震天，也

準備擊鼓迎戰。

曹劌連忙制

止：「大王請慢，

請大王傳令全軍

嚴守陣地，不得有

一絲騷動和喧嘩。

違抗命令、擅自出

戰的人立即斬首。」

魯軍紋絲不動，齊軍衝不破陣勢，只好退了回去。

鮑叔牙第二次下令擊鼓進攻，齊軍重振士氣，再次向魯軍陣地衝來，魯陣仍歸然不動，齊軍又一次退了回去。

鮑叔牙見魯軍兩次不出動，以為是怯陣，下令第三次擊鼓進攻。這時，曹劌果斷地告訴莊公擊鼓衝鋒。隨着鼓聲，魯軍中殺聲驟起，士兵們像猛虎出籠般衝殺過去，勢如迅雷。齊軍被殺得丟盔棄甲，狼狽潰逃。

莊公見齊軍敗退，想下令立即追擊。曹劌忙說：「別急。」接着，他仔細察看了齊軍逃走的車轍，又登上戰車前橫木向齊軍逃跑的方向望了一陣，才讓莊公下令全力追擊。魯軍追殺

了三十餘里，斬殺、俘虜了許多齊軍，繳獲輜重無數，全勝而歸。

戰後，莊公問曹劌為何直到齊軍第三次擊鼓進軍時才要下令出擊。曹劌緩慢地回答說：「打仗主要靠士氣，擊鼓就是為了鼓舞士氣。第一次擊鼓，士氣旺盛；第二次擊鼓，士氣已經減弱

了；等到第三次擊鼓時，士氣已衰弱了。在敵方的勇氣已經衰弱時，我軍一鼓作氣，當然很容易把對方打敗。」

莊公又問：「既然齊軍被我們打敗，你為甚麼不讓馬上追趕呢？」

曹劌說：「齊國是大國，鮑叔牙又是名將，不可低估，說不定他們逃跑是假的，在前面設有埋伏。我下車看到他們兵車的輪跡混亂，旗幟也倒下了，這才斷定他們是真敗，才放心追擊。」

莊公十分佩服，立即拜曹劌為大夫。

故事
11

老馬識途

公元前 663 年，北方的山戎侵犯燕國，佔領了燕國的幾座城池。山戎到處燒殺搶奪，眼看百姓都要被殺光了，燕王趕緊向當時的霸主齊桓公求救。

齊桓公在相國管仲的建議下，答應了燕國的要求，並親自率兵攻打入侵燕國的山戎，相國管仲也一同前往。

齊桓公率領大軍浩浩蕩蕩地來到了燕國，卻沒發現一個山戎兵。原來，山戎已經

聞風而逃了。齊桓公便帶着軍隊繼續向前追趕，路上碰到了山戎兵，把他們打得四散奔逃。

山戎的大王密盧帶着殘兵敗將，逃到了孤竹國。齊軍乘勝追擊，又把孤竹國的軍隊打得落荒而逃。這時，天色已晚，齊軍便在當地安營紮寨。

不料孤竹國不甘失敗，他們向齊桓公詐降，並把齊國大軍騙到了一個山谷當中。周圍荒無人煙，齊國大軍在山谷裏面轉來轉去，怎麼也找不到出去的路。

齊桓公立馬派出許多探子去探路，可是過了

很久都沒有消息。

過了一會兒，山谷裏刮起了刺骨的西北風，士兵們凍得渾身冰涼，直打哆嗦。好不容易挨到天亮，眼前還是荒涼的山谷，連隻飛鳥都沒有。

過了好幾天，軍隊所帶的糧草和水也快用完了。齊桓公心急如焚，擔心再找不到出路的話，士兵們就算不被凍死也要被餓死了。

情況萬分危急，齊桓公緊急召集大臣商討對策，同時派出一隊人馬再去探路，但仍然沒弄清楚從哪裏能走出山谷。

這時，相國管仲突然想到：

在自己的家鄉，老狗不管離開家有多遠，也不管離開的時間有多長，最後都能夠找到回家的路。現在，軍中雖然沒有狗，但是有很多當地的老馬，牠們是否也能認識回去的路呢？

管仲馬上把自己的想法告訴了齊桓公，齊桓公覺得可以試一試。於是，齊桓公命人到軍營裏把當地的老馬都挑出來，然後讓大軍收拾好行裝出發。

管仲命人把套在馬頭上的韁繩解開，讓馬兒走在前面，大軍緊緊地跟在後面。

說起來也真奇怪，這些老馬都毫不猶豫地朝一個方向走去。

士兵們一看有希望了，都緊緊地跟在這些馬兒後面。大家東走西走，七拐八拐，終於走出了山谷。

老馬識途

指老馬認得走過的路。後用於比喻有經驗的人對情況比較熟悉，容易把工作做好。

退避三舍

公元前 651 年，晉國發生內亂。晉國公子重耳四處逃亡，有一天他逃到了楚國。

當時楚國正值強盛時期，楚成王早就聽說重耳是個難得的人才，便帶領隨從，遠迎重耳。楚成王把重耳安置在楚國的都城郢，還經常宴請重耳和他的謀士們，與重耳共論天下。

有一天，楚成王在酒宴中問重耳：「如今，我待你怎麼樣啊？」

重耳誠懇地回答：「楚王對我非常好！」

楚成王又問：「假如有一天，你返回了晉國，你將怎樣報答我啊？」

重耳想了一會兒，說：「假如有朝一日，我返回了晉國。如果晉楚交戰於中原，我一定會退避三舍（一舍三十里，三舍就是九十里），來報答您的恩情！」

成王聽後默默不語，楚國的令尹子玉大聲喝道：「我們的國君把你尊為上賓，你竟敢口出狂言！」

酒宴過後，子玉向楚成王進諫說：「重耳是個賢主，他的隨從也都有將相之才。假如您讓他回國，就如同把魚放進了水裏，有朝一日必然成為楚國的大敵。現在趁着他羽翼未豐，趕緊把他除掉！」楚成王笑了笑，並沒有把子玉的話放在心上。

<ruby>後<rt>hòu</rt></ruby><ruby>來<rt>lái</rt></ruby>，<ruby>重<rt>chóng</rt></ruby><ruby>耳<rt>ěr</rt></ruby><ruby>果<rt>guǒ</rt></ruby><ruby>然<rt>rán</rt></ruby><ruby>返<rt>fǎn</rt></ruby><ruby>回<rt>huí</rt></ruby><ruby>了<rt>le</rt></ruby><ruby>晉<rt>jìn</rt></ruby><ruby>國<rt>guó</rt></ruby>，<ruby>繼<rt>jì</rt></ruby><ruby>承<rt>chéng</rt></ruby><ruby>了<rt>le</rt></ruby><ruby>王<rt>wáng</rt></ruby>

<ruby>位<rt>wèi</rt></ruby>，<ruby>就<rt>jiù</rt></ruby><ruby>是<rt>shì</rt></ruby><ruby>歷<rt>lì</rt></ruby><ruby>史<rt>shǐ</rt></ruby><ruby>上<rt>shang</rt></ruby><ruby>有<rt>yǒu</rt></ruby><ruby>名<rt>míng</rt></ruby><ruby>的<rt>de</rt></ruby><ruby>晉<rt>jìn</rt></ruby><ruby>文<rt>wén</rt></ruby><ruby>公<rt>gōng</rt></ruby>。<ruby>重<rt>chóng</rt></ruby><ruby>耳<rt>ěr</rt></ruby><ruby>採<rt>cǎi</rt></ruby><ruby>取<rt>qǔ</rt></ruby><ruby>了<rt>le</rt></ruby>

<ruby>一<rt>yí</rt></ruby><ruby>系<rt>xì</rt></ruby><ruby>列<rt>liè</rt></ruby><ruby>富<rt>fù</rt></ruby><ruby>國<rt>guó</rt></ruby><ruby>強<rt>qiáng</rt></ruby><ruby>兵<rt>bīng</rt></ruby><ruby>的<rt>de</rt></ruby><ruby>政<rt>zhèng</rt></ruby><ruby>策<rt>cè</rt></ruby>，<ruby>晉<rt>jìn</rt></ruby><ruby>國<rt>guó</rt></ruby><ruby>很<rt>hěn</rt></ruby><ruby>快<rt>kuài</rt></ruby><ruby>成<rt>chéng</rt></ruby><ruby>為<rt>wéi</rt></ruby><ruby>中<rt>zhōng</rt></ruby><ruby>原<rt>yuán</rt></ruby>

<ruby>大<rt>dà</rt></ruby><ruby>國<rt>guó</rt></ruby>。

公元前632年，晉國與楚國交戰。戰鬥剛開始，子玉率領的楚軍氣勢洶洶地殺過來，晉文公下令全軍後退三十里。子玉以為晉文公害怕了，又繼續往前進攻，晉文公又下令全軍後退三十里。子玉更加揚揚得意，不依不饒，晉軍又後退了三十里，一直退到了城濮。

眾將士非常不解，紛紛進諫晉文公。晉文公對大家說：「當年我落難到楚國，幸虧得到楚成王的招待才能有今天。我曾向楚成王許諾，如果有一天能夠復國，當晉國與楚國交戰於中原時，我一定會退避三舍來報答他的恩情！」

晉文公見眾人還是不能理解，便說：「要是我們對楚國失了信，那麼我們就理虧了。但如果

我們退了兵，他們還不罷休，步步緊逼，那就是他們輸了理，我們再跟他們交手也不遲啊！」

果然，子玉率領大軍追到了城濮。這時，楚國的士兵因為連續的發動進攻和追趕，已經很疲憊了。子玉大罵晉文公忘恩負義，晉文公寫信說明一切，並約定第二天一大清早決戰。

第二天，兩軍激戰，晉軍假裝兵敗往後退，楚軍不知有詐，繼續追擊，中了晉軍的埋伏。楚軍頓時亂成一團，潰不成軍，紛紛棄甲而逃。城濮之戰便以晉軍勝利而告終。

退避三舍 | 成語小貼士

指作戰時，將部隊往後撤退九十里。後用此成語比喻主動退讓，不與人爭。

楚莊王
一鳴驚人

　　公元前 614 年，一代梟雄楚穆王含恨而死，嫡長子熊旅即位，就是歷史上有名的楚莊王。

　　楚莊王年紀尚輕，沒有實權，實權掌握在一幫大臣手中。三年來，楚莊王不發任何號令，終日沉湎於酒色之中。後來，他乾脆下了一道命令：有敢諫者，殺無赦！

　　那幫權臣更加肆無忌憚，全國上下一片混亂。大夫伍舉實在看不下去了，有一天，他冒死進諫楚莊王。楚莊王正手端着酒杯，口中嚼着鹿肉，醉醺醺地觀賞歌舞呢。

楚莊王眯着眼睛問道:「大夫來此,是想喝酒呢,還是想看歌舞?」

伍舉想了想說:「有人讓我猜一個謎語,我怎麼也猜不出來,特地來向您請教。」

楚莊王一聽猜謎語,馬上來了興致。他一邊喝酒一邊問伍舉:「哦,甚麼謎語啊?」

伍舉說:「『楚京有大鳥,棲在朝堂上,歷時三年整,不鳴亦不翔。令人好難解,到底為哪樁?』請問大王,您知道這是甚麼鳥嗎?」

楚莊王聽了,立刻明白了伍舉這是在說自己,他笑着說:「牠可不是隻普通的鳥啊!這隻鳥

啊，三年不飛，一飛沖天；三年不鳴，一鳴驚人。你等着瞧吧。」

伍舉明白了楚莊王的意思，便高興地退了出來。

數月之後，楚莊王果然親理朝政，他一面改革政治，使得政治安定，百姓安居樂業；一面招兵買馬，訓練軍隊。沒幾年的工夫，楚國便強大起來。

楚國的令尹鬥越椒野心勃勃，想要篡位。他趁着楚莊王外出打仗，佔領了楚國的都城郢，又想把楚莊王殺掉。

楚莊王一面假裝退兵，一面在四面設下埋

fú dǒu yuè jiāo zì shì wǔ yì gāo qiáng bù bǎ chǔ zhuāng wáng shǒu xià de
伏。斗越椒自恃武藝高強，不把楚莊王手下的
jiāng jūn fàng zài yǎn li
將軍放在眼裏。

zhè shí chǔ zhuāng wáng pài chū yì xiǎo duì bīng mǎ qù gōng dǎ dǒu yuè
這時，楚莊王派出一小隊兵馬去攻打斗越
jiāo dǒu yuè jiāo fēi cháng fèn nù rèn wéi chǔ zhuāng wáng tài xiǎo qiáo zì jǐ
椒。斗越椒非常憤怒，認為楚莊王太小瞧自己
le pāi mǎ chū chéng yíng dí chǔ zhuāng wáng de xiǎo duì rén mǎ jiàn dǒu
了，拍馬出城迎敵。楚莊王的小隊人馬見斗
yuè jiāo chū lái xià de pīn mìng xiàng
越椒出來，嚇得拼命向
hòu pǎo
後跑。

dǒu yuè jiāo yáng yáng dé yì jì
斗越椒揚揚得意，繼
xù wǎng qián zhuī tā gāng guò hé chǔ
續往前追。他剛過河，楚

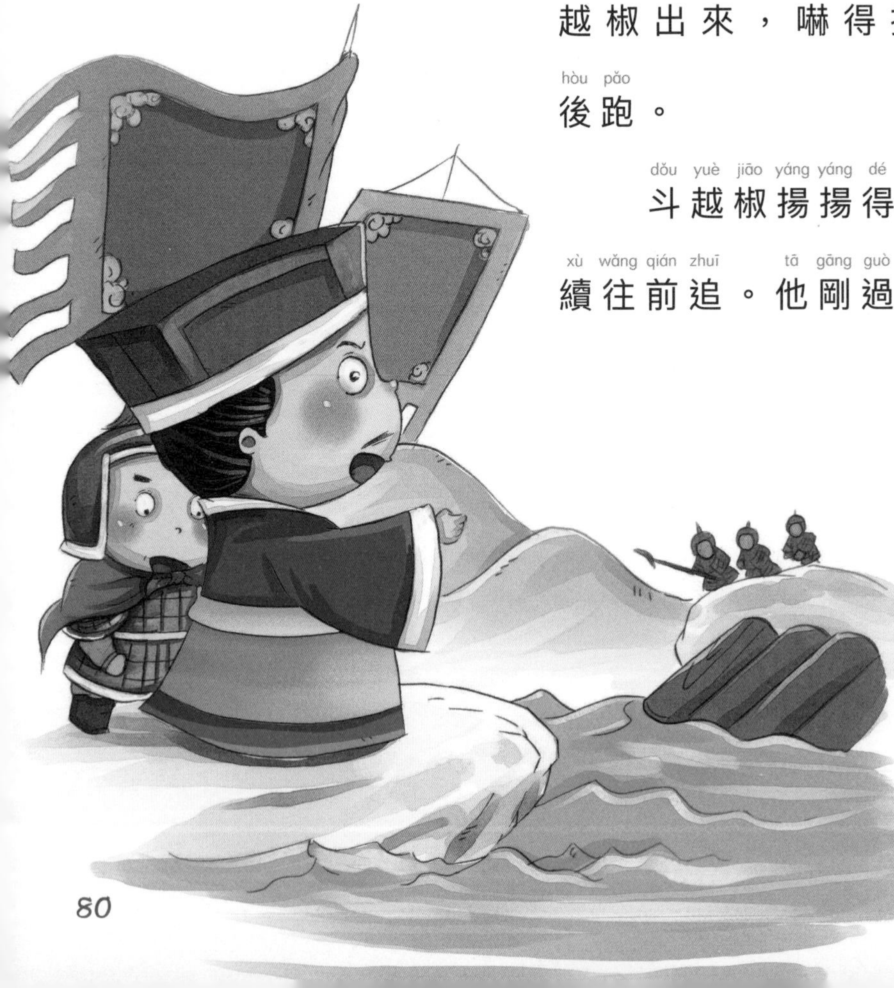

莊王就命人把橋拆了，斷了他的退路。斗越椒一陣驚慌，被一箭射死了。楚莊王很快就消滅了城中的叛軍。

後來，楚莊王又陸續剷除了一些奸臣，任命一批有才能的人為官。這樣，國家更加穩定了，沒幾年國力就趕上了晉國。

公元 597 年，楚國與晉國大戰一場。晉軍被打敗，士兵落荒而逃。楚國一洗城濮之戰以來的恥辱。

一鳴驚人

成語小貼士

指一出聲就令人吃驚。後用此成語比喻平時默默無聞，而後卻突然有驚人的表現。

經過這一戰，楚國便又開始稱霸中原。這位「一鳴驚人」的楚莊王成為春秋時期的五霸之一。

晏子使楚

春秋末期，齊國派大夫晏子出使楚國。晏子雖然身材矮小，但是頭腦機靈，能言善辯。

楚王仗着自己國力強盛，想乘機侮辱晏子。楚王得知晏子身材矮小，就在都城的城門旁邊開了一個小洞。等晏子來到楚國後，楚王故意叫人把城門關了，讓晏子從這個小洞走進去。

晏子看了看，對接待的人說：「這不是城門，分明是個狗洞。只有訪問狗國的時候，才能從狗洞進去。你們去問問，楚國是個甚麼樣的國家？」

接待的人立刻把晏子的話傳給了楚王。楚

王可不能承認自己的國家是個狗國，只好吩咐開城門，迎接晏子。

晏子見到楚王，楚王瞅了他一眼，說：「齊國沒有人了嗎？」

晏子回答說：「我們齊國的都城臨淄人來人往，人們揮一揮袖子，天就暗下來了；灑一灑汗水，就能形成一場大雨；街上的人肩膀靠着肩膀，腳尖碰着腳後跟，怎麼能說沒有人呢？」

楚王說：「既然這樣，那麼為甚麼派你這樣一個矮子來呢？」

晏子裝出一臉很為難的樣子，說：「大王，您這一問，我實在是不好回答。我說謊吧，怕犯了欺君之罪；說實話吧，又怕大王您生氣。」

　　　　　 chǔ wáng yì tīng　 lái le xìng zhì　 shuō　　ó　 nǐ jiù shí huà
　　楚王一聽，來了興致，說：「哦，你就實話

shí shuō ba　　 wǒ bù shēng qì
實說吧，我不生氣。」

　　　　　 yàn zǐ gǒng le gǒng shǒu　 shuō　　 wǒ men qí guó yǒu yí gè guī
　　晏子拱了拱手，說：「我們齊國有一個規

ju　　xián néng de rén bèi pài qiǎn chū shǐ xián néng de guó wáng nà lǐ　　 méi cái
矩：賢能的人被派遣出使賢能的國王那裏，沒才

能的人被派遣出使沒賢能的國王那裏。我是最沒有才能的人，所以只能被派遣到楚國來了。」說着他故意無奈地笑了笑，楚王只好陪着笑。

楚王安排酒席招待晏子，喝得正高興時，兩個小吏綁着一個人來到楚王面前。

楚王故意問：「綁着的是甚麼人？」

小吏回答說：「報告大王，是齊國人，犯了盜竊罪。」

楚王瞟了晏子一眼，笑着說：「齊國人怎麼這麼沒出息啊，竟然幹這種偷雞摸狗的事兒？」楚國的大臣們聽了，也都肆意地笑起來，覺得這下晏子可丟盡了臉。

晏子鄭重地回答說：「大王怎麼不知道哇？柑橘生長在淮南，又大又甜。可是一種到淮北，就只能結又小又苦的枳，這是因為水土不

同啊！同樣的道理，齊國人在齊國安居樂業，一到楚國卻開始偷盜，這是楚國的水土使百姓善於偷竊啊！」

楚王聽了，只好賠不是，說：「我原來想取笑大夫，沒想到反讓大夫取笑了。」

晏子面對着盛氣凌人的楚王，巧妙地回擊，維護了國家的尊嚴。因此，楚王不得不善待晏子。

孔子周遊列國

孔子是魯國人，學問很大，曾經周遊列國。當時的諸侯國國君雖然十分敬慕他的才能，卻不能接受他的政治主張，因此沒有一個國家任用他。後來，在學生孟孫無忌的推薦下，孔子當上了魯國的司空。

一天，魯定公讓孔子陪自己去夾谷與齊景公會盟。等他們到達夾谷，齊景公和晏子已經在那裏了，周圍還有很多齊兵。原來，齊景公想在會盟時劫持魯定公和孔子，從而吞併魯國。但孔子早有防備，他早已命右司馬申句須、左司馬樂頎率兵車五百乘跟在後面，又命大夫茲無還率兵

車三百乘在離夾谷十里的地方安營紮寨。

第二天，齊景公邀請魯定公觀賞四方之樂。齊景公一揮手，一支三百人的夷族樂工隊就在台下出現了，他們一邊跳舞，一邊虎視眈眈地望着魯定公。孔子說：「兩國修好，怎麼可以用夷族的舞樂呢？請下令讓他們離去。」不知實情的晏子也這樣建議。景公無奈，只好讓他們退去。

齊景公一計不成，又生一計。他命男女樂工唱關於魯國文姜淫亂的詩歌。孔子生氣地對齊景公說：「匹夫戲辱諸侯，罪該處死，請齊國的司馬立刻執行！」齊景公假裝沒聽見。

孔子又說：「兩國既然已經成為盟國，魯國的司馬就是齊國的司馬，就讓魯國的司馬來執行吧！」說完便讓申句須、樂頎拖出兩隊的領隊男女各一人，一劍殺了。

頓時，樂工們嚇得四散而逃，齊景公也嚇得半天說不出話來。這時，申樂兩將已經擁着魯定公和孔子走下台了。會盟不歡而散，齊國與魯國結了仇。

魯定公為了表彰孔子的功勞，封他為大司寇。從此，魯國在孔丘的治理下，出現了欣欣向榮的局面。

齊國害怕魯國強大起來，於是就想了一個主意來離間魯定公和孔子。他們選了一批能歌善舞的美女送給魯定公，使他沉迷女色，荒疏國事，這一招果然靈驗。收到齊國送來的美女後，

魯定公日夜享樂，不理朝政。孔子曾三番五次勸諫，但魯定公都不理會。孔子只好帶領學生再次離開魯國，到列國遊歷。

孔子先後遊歷了衞國、宋國、鄭國、陳國，等到去蔡國的時候，被楚昭王知道了。楚昭王派人去請他。陳蔡兩國的大夫擔心楚國有了孔子會強大起來，就派兵截住孔子。孔子被困了整整三天，直到第四天楚兵來救才脫離困境。可惜，楚國的大臣們也不能容納孔子，他只好又回到魯國。

此時，孔子已經很老了，他終於放棄了從

政的念頭，開始專心致志地著書立說和教授學生。他對古代典籍，諸如《周易》《禮記》《尚書》《詩經》等進行了系統的整理。後來，孔子的學說發展成儒家學派，孔子也成為儒家學派的創始人。

時代小總結

春秋時期

春秋一詞得名於孔子編修的魯史《春秋》一書。春秋時代周天子的勢力減弱，羣雄紛爭，齊桓公、宋襄公、晉文公、秦穆公、楚莊王相繼稱霸，史稱「春秋五霸」。當時齊桓公提出「尊周室，攘夷狄，禁篡弒，抑兼併（尊王攘夷）」的思想，因此周天子於表面上仍獲尊重。春秋時代戰爭連綿不斷，霸權先後崛起，最終，以韓、趙、魏三家分晉為界，中國歷史由前後歷時 300 多年的春秋時期進入戰國時期。